DI LO QUE SIENTES

A VECES
SIENTO TRISTEZA

Escrito por Jaclyn Jaycox

PEBBLE
a capstone imprint

Pebble Emerge es una publicación de Pebble, una marca de Capstone.
1710 Roe Crest Drive
North Mankato, Minnesota 56003
www.capstonepub.com

Los datos de CIP (Catalogación previa a la publicación, CIP)
de la Biblioteca del Congreso se encuentran disponibles
en el sitio web de la Biblioteca.
ISBN: 978-1-9771-3339-7 (encuadernación para biblioteca)
ISBN: 978-1-9771-3340-3 (tapa blanda)
ISBN: 978-1-9771-5494-1 (libro electrónico)

Resumen: ¿Qué significa estar triste? Es normal sentirnos
desanimados de vez en cuando. Los niños aprenderán cómo se siente
estar triste, cuáles son las causas de la tristeza y cómo transformar
este sentimiento en alegría. Fotos grandes y diversas ayudan
a mostrar cómo se ve la tristeza. Se incluye una actividad de reflexión
que permite a los niños practicar el manejo de sus emociones.

Créditos de las fotografías
Capstone Studio: Karon Dubke, 7, 15, 19, 21; Shutterstock: Brian A
Jackson, 6, CGN089, 5, Color Symphony, elemento de diseño, fizkes, 17,
LightField Studios, 9, Passakorn Shinark, 8, Prostock-studio, 11, Syda
Productions, 13, 14, ViChizh, portada

Créditos editoriales
Diseñadora: Kay Fraser; investigadora en medios: Tracy Cummins;
especialista en producción: Katy LaVigne
Traducción al español de Aparicio Publishing, LLC

CONTENIDO

Las palabras en **negritas** están en el glosario.

¿QUÉ ES LA TRISTEZA?

Imagina que tus amigos están jugando. Te acercas a jugar con ellos. Pero dicen que tú no puedes jugar. Te sientas en una banca lejos de todos. Es posible que sientas tristeza.

La tristeza es una **emoción**, o sentimiento. Algunas emociones te hacen sentir bien. Pero otras, como la tristeza, te pueden hacer sentir mal.

¿QUÉ SIENTES CUANDO ESTÁS TRISTE?

¿Recuerdas algún momento en que estabas triste? Tal vez perdiste tu juguete favorito o viste una película triste. ¿Cómo te sentías?

Cuando estás triste, tu sonrisa desaparece. Tienes lágrimas en los ojos. Es posible que te tiemblen los labios. Sientes que te duele el corazón. A lo mejor te sientes cansado y quieres quedarte en cama.

LOS SENTIDOS

Los **sentidos** hacen que tengas sensaciones ante lo que te rodea. Las personas tenemos cinco sentidos. Con ellos podemos oír, oler y tocar las cosas. También podemos probarlas y verlas.

Si ves a alguien llorar, es posible que sientas tristeza. Oír una canción triste puede desanimarte. Tal vez el olor a galletas caseras hace que extrañes a tu abuela.

HABLAR SOBRE LOS SENTIMIENTOS

Es importante decir lo que sientes. Si estás triste, díselo a tu familia o a tus amigos. Pueden ayudarte. Hablar sobre tus sentimientos te ayudará a sentirte mejor.

No es fácil decir lo que sientes. ¡Pero con un poco de práctica te resultará más fácil! Solo tienes que pensar en cómo te sientes y por qué. Después, dilo en voz alta.

ENTENDER LA TRISTEZA

Seguramente has estado triste en algún momento. ¿Cuál fue la razón? Tal vez tuviste baja calificación en un examen o te mudaste a otra ciudad, lejos de tus amigos.

Es normal sentirse triste a veces, pero no conviene que la tristeza dure mucho tiempo. Intenta pensar por qué estás triste. Después piensa qué podrías hacer para animarte.

Cuando estás triste, te resulta difícil juntarte con los demás. En la escuela, te resulta más difícil aprender. Quizá te **distraes** y no prestas atención a lo que dicen tus maestros.

Lo que sientes por ti mismo puede afectar tus emociones. Es más fácil ser feliz cuando te sientes bien contigo mismo. Es más fácil estar triste si te sientes mal contigo mismo.

MANEJAR TUS SENTIMIENTOS

Si estás triste, puedes hacer cosas para sentirte mejor. Llorar ayuda a sacar los sentimientos de tristeza. Escuchar música alegre y bailar te pondrá de mejor **humor**. Salir a pasear te ayudará a no sentirte triste.

También puedes ayudar a otras personas a sentirse mejor. Si ves a alguien que está triste, háblale. Pídele que juegue contigo. Dile algo amable. ¡Sé **positivo**! ¡Te hará bien que los demás también se sientan animados!

ACTIVIDAD DE REFLEXIÓN

Todos nos sentimos agradecidos por algo.

A lo mejor tú estás agradecido por tu familia,

tu casa, tus juguetes o tu comida favorita.

Intenta recordar esas cosas cuando estés triste.

¡Seguro que te harán sentir mejor!

Qué hacer:

1. Escribe una lista de las cosas por las que estás agradecido.

2. Elige una de esas cosas y dibújala.

GLOSARIO

distraerse —no poder concentrarse en algo

emoción —un sentimiento fuerte; las personas tenemos emociones como la alegría, la tristeza, el miedo, el enojo y los celos

humor —la manera en la que te sientes

positivo/a —que ayuda o anima

sentido —capacidad para obtener información sobre las cosas que nos rodean; los cinco sentidos son el oído, el olfato, el tacto, el gusto y la vista

ÍNDICE